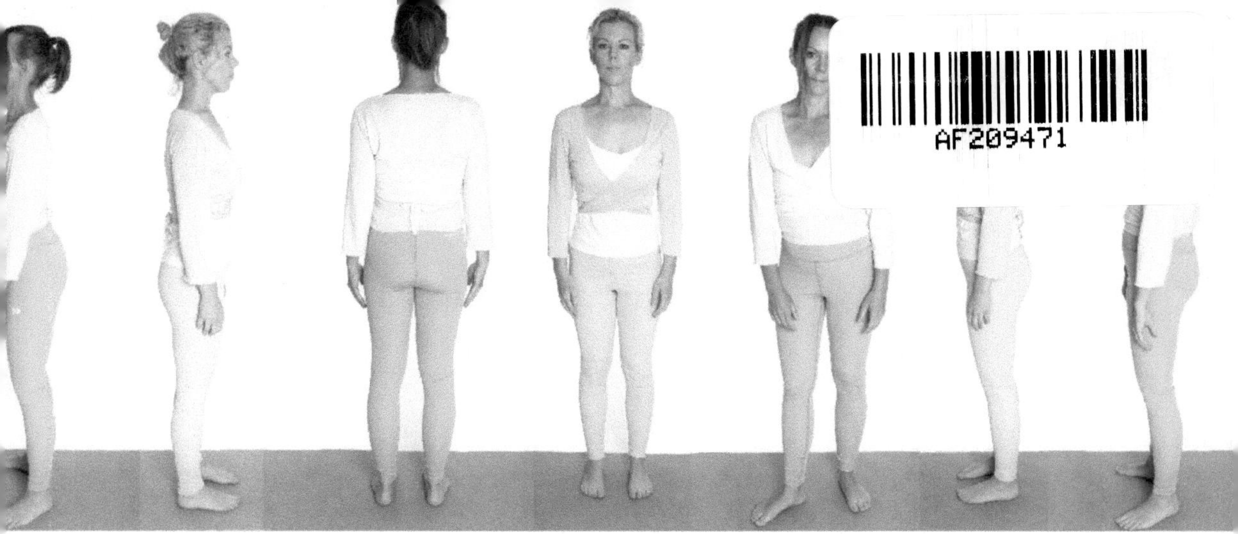

Connect & Correct
Andra chansen för din hållning

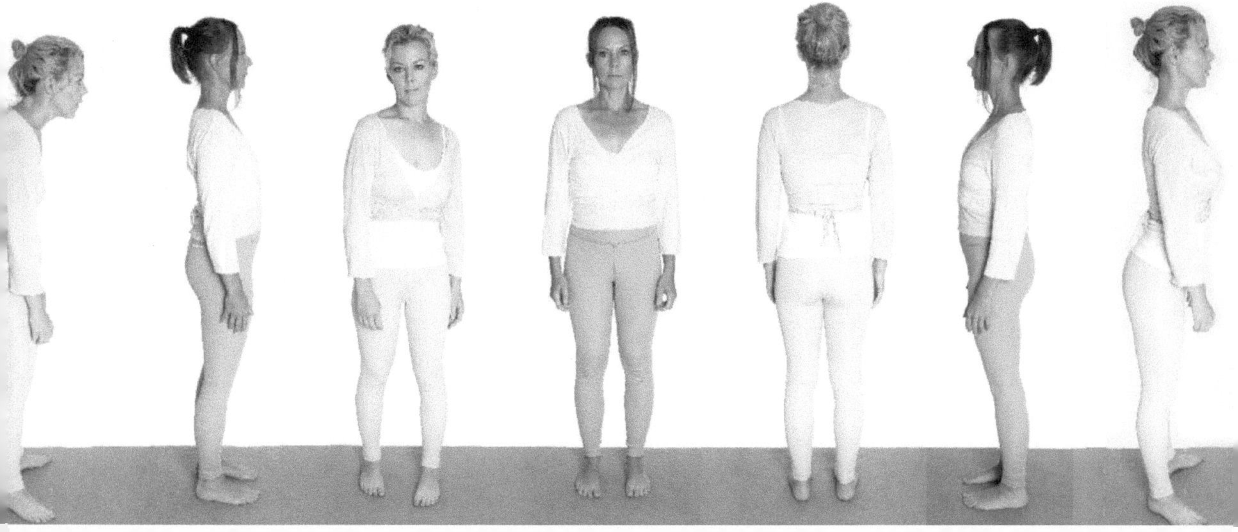

Tidigare utgivet av författarna:

Connect & Connect, Första hjälpen för din hållning
2020

Förlag: BoD – Books on Demand, Stockholm, Sverige
Tryck: BoD – Books on Demand, Norderstedt, Tyskland

ISBN: 9789 1 8007 578 7

Andra chansen för din hållning

Connect & Correct

Charlotte & Elisabeth Liljegren

Introduktion

Är du vriden eller?

Vriden? Hur menar vi? I detta fall menar vi rent fysiskt. Om du är högerhänt är du oftast dominant på höger sida. Då är du starkare i den sidan. Kroppen fungerar som en enhet, är du starkare på ena sidan så påverkar det hela kroppen. Fundera på saker som du dagligen gör: klär på dig, borstar tänderna, kliver upp på trappsteg etc. Det är lättast att göra det med ena sidan, eller hur? Det kan rent av bli supersvårt att börja göra det med "fel sida". En stark muskel är oftast en stram muskel och en stram muskel drar mer. Muskler flyttar skelett och ett snett skelett genererar ofta i smärta. Nu ska du ändra på detta. Du ska bli rak och inte längre vara vriden.

Connect & Correct är en träningsform där vi arbetar med din hållningsmuskulatur. Kroppen är en enhet som vi nämnt och har du ont så kan det bero på att din hållning är i obalans.

Med hjälp av denna bok hoppas vi att du kommer känna dig rakare och lättare och att ev. smärta försvinner.

Ta hand om dig, önskar Charlotte & Elisabeth
Diplomerade Optimum Tränare och Postural Alignment Specialists

Så här använder du boken

Vi älskar självtester! I den här boken har vi tagit fram självtester som gör att du lär känna din kropp och ser vad den är i behov av.

Börja med att göra testerna och se vilken kroppstyp du tillhör (A, B eller C).

När du vet vilken du är så börjar du göra övningarna som tillhör din kroppstyp.

Vi har gjort programmen så att de inte ska ta längre tid än 20 min. Det finns nämligen en liten detalj som avgör om övningarna kommer att ha effekt eller inte och det är att de blir gjorda. I den bästa av världar gör du övningarna varje dag.

En detalj till som du behöver ta hänsyn till är: detaljerna! Varje övning har en mängd saker du ska tänka på, som samtliga är avgörande för att få så bra resultat av övningen som möjligt.

Precis som i förra boken har du också på varje sida en liten lat-hund som ger kloka råd och tips plus en klocka som anger hur lång tid du ska utföra övningen. En liten ruta finns också vid varje övning som berättar vad poängen är med just den övningen. Det tycker i alla fall vi ger extra motivation.

För att göra det lättare att få övningarna gjorda och utan att behöva läsa samtidigt, så rekommenderar vi att du mailar oss: info@gymtrana.se så skickar vi dig filmer där vi går igenom programmen samtidigt som du gör övningarna.

Lat-hundarna
Vi hjälper dig med råd och tips

Trandin   Milla

Självtest

Stå Posturalt

Hur gör du: Ställ dig med en knytnävsbredd mellan fötterna och tredje tån pekandes rakt fram. Slappna av i magen och axlarna.
Hur känns det?

näna/benen känns inåtroterade [C]

et är en stram känsla på utsidan / benen [A]

Det känns olika mellan höger och änster sida [B]

Frandin tipsar:
bland kan flera alternativ stämma för ig. Kryssa i alla val som känns rätt.
Det gäller även för resten av testerna.

Sidoböjning mot Vägg

Hur gör du: Ställ dig posturalt med hälar, säte och skulderblad (och bakhuvudet om det går) mot en vägg. Böj dig åt höger så långt du kan med bibehållen kontakt mot väggen. Repetera åt vänster.

Det känns som att jag har jättemycket svank

A

Det känns som att jag kommer trilla framåt

C

Jag upplever skillnad i sidoböjningen mellan höger och vänster

B

Pyramidliggande Ankel över Knä

Hur gör du: Lägg dig på rygg med böjda knän höftbrett isär. Lägg upp höger ankel på vänster knä, utan att flytta vänster fot. Pressa ut höger knä och behåll höfterna parallella. Gör om på andra sidan.

Min ländrygg pressas ner mot underlaget.

C

Det känns väldigt spänt och stretchar mycket runt höften.

A

Ena sidan känns stramare än den andra.

B

Utfallssteg

Hur gör du: Stå posturalt och fläta fingrarna bakom huvudet. Le! Sänk axlarna och dra ner skulderbladen långt ner i ryggen. Ta ett stort kliv fram med höger ben och böj knäna. Upprepa på andra sidan.

Mitt främre knä faller ut | A

Mitt främre knä faller in | C

Det känns annorlunda när jag gör höger jämfört med vänster ben. | B

Milla tipsar:
Ifall du inte kan ha sänkta axlar och neutral nacke när du knäpper händerna bakom huvudet så kan du sätta fingrarna vid öronen istället.

Benböj mot Vägg

Hur gör du: Sätt dig på en stol mot en vägg så att dina tår nuddar väggen. Helst ska du ha knäna i 90° vinkel när du sitter. En knytnävsbredd mellan fötterna och tårna pekandes rakt fram. Fläta fingrarna bakom huvudet, sänk axlarna, dra ner skulderbladen och titta framåt. Ställ dig upp utan att flytta på fötterna, sätt dig igen och gör om så många gånger du vill.

Det är nästan omöjligt att ställa sig upp

C

Mina knän faller ut

A

Min vikt skiftar åt ena hållet

B

andin
sar:
an du inte
älla dig
p med
rna mot
äggen så
r du lov att
ytta bak
m. Det
tyder dock
du
höver öva
det här.

Huksittande

Hur gör du: Sätt dig i huksittande med fötterna höftbrett isär och pekandes rakt fram. Försök behålla hälarna i golvet.

Min kroppstyngd hamnar mer på ena sidan av kroppen

B

Mina knän och eller fötter vill åka ut åt sidorna.

A

Jag kan inte komma ner eller ramlar baklänges när jag väl kommit ner.

C

Milla tipsar:
Vill du ha en extra utmaning så håll huvudet och ryggen så rakt som möjligt samt dra ihop skulderbladen.

Dags att räkna A, B & C

Hur gör du: Räkna ihop hur många A, B respektive C du fått på dina test.

A:	B:	C:

Vad fick du mest av?

Nu har du fått ett resultat och på följande sida kan du se
vad det innebär att vara dominant i A, B eller C.

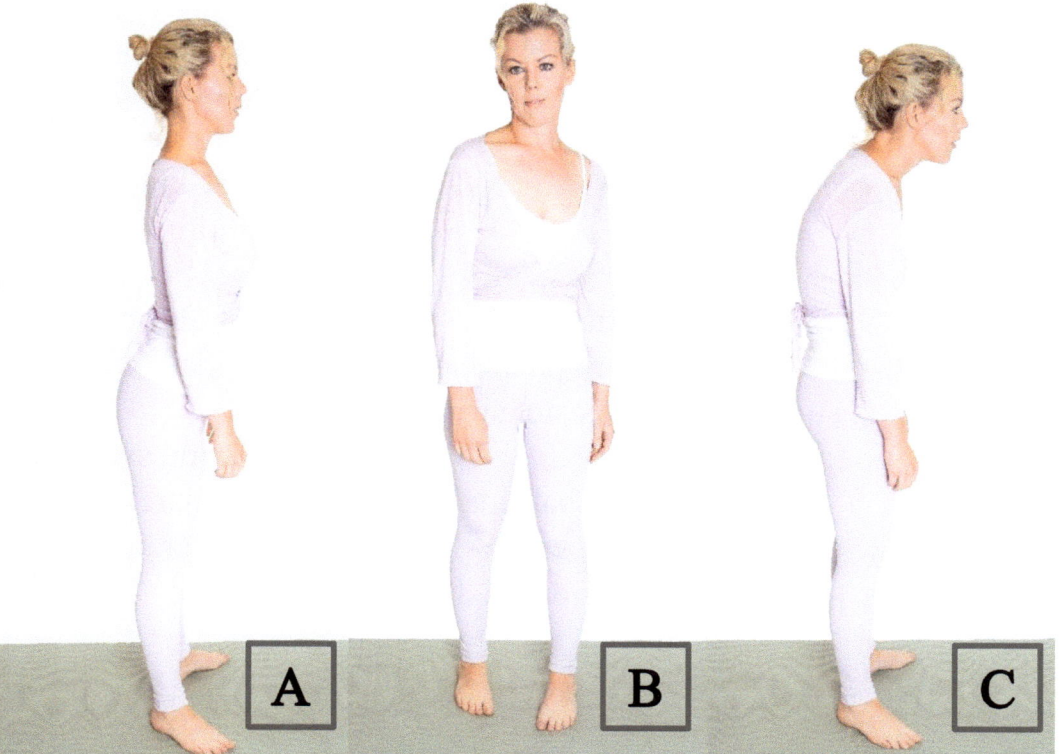

Kroppstyp A

Du har förmodligen en stark kropp som är lite stel.

Kroppsliga kännetecken
Svankig, hjulbent, utåtroterade fötter. Ofta i kombination med framåtroterade axlar och utplanad bröstrygg.

Här är du stram:
Höftböjare, utsida lår, rygg, bröst, baksida lår och rumpa

Här är du svag:
Framsida lår, mage, insida lår, romboiderna

Kroppstyp B

Grattis! Du har den vanligaste kroppstypen. Många kan vara kroppstyp B i kombination med A eller C.

Kroppsliga kännetecken
Kort och gott skevheter, tex ett roterat eller höjt bäcken, en axel som är mer framåtroterad än den andra osv.

Här är du stram:
Mer stark på kroppens höger/vänster sida och/eller framsida/baksida

Här är du svag:
Motsatt sida till där du är stram

Kroppstyp C

Du har en kroppstyp so är i behov av fysisk aktivitet.

Kroppsliga kännetecken
Utåtroterade fötter, avsaknad av rumpa, ingen svank, framåtroterade axlar oc framåtskjuten huvud-position.

Här är du stram:
Baksida lår, framsida lå mage

Här är du svag:
Höftböjare, rumpa, ryg insida lår, utsida lår

Övningar

Kroppstyp A:
1. IT- band stretch
2. Katt och Hund
3. Spindelstretch
4. Ankel över knä twist
5. Golvklocka
6. Jägarvila med block

Start för alla:

Z-liggande vila

Pyramidliggande blocktryck

Kroppstyp C:
1. Dumboflax
2. Löparstretch
3. Framsida lår stretch
4. Enbenslyft
5. Benböj mot vägg
6. Jägarvila med band

Kroppstyp B:
1. Krokodiltwist
2. Äggskal
3. Höftböjarlyft
4. Statisk Utpressning
5. Armpendel
6. Statisk hund

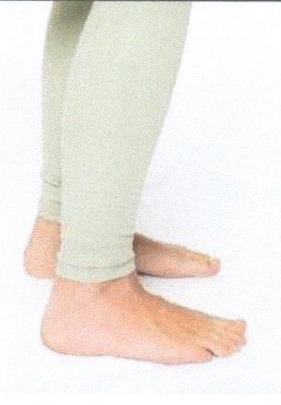

Start för alla

Z-liggande Vila

Hur gör du: Ligg på rygg med underbenen på en stol. Fötterna ska vara inåtroterade. Du ska ligga i 90° vinkel, fot, knä, höft. Armarna placerade längs ut med sidorna, handflatorna uppåt. Slappna av och andas till magen.

Vad är den bra för:
Lär ryggen slappna av med hjälp av tyngdkraften. Motverkar rotationer och främjar utåtrotation för axlarna.

Trandin tipsar:
Passa på att jobba med din andning. Magen ska bli stor när du andas in och sjunka ihop något när du andas ut.

Pyramidliggande Blocktryck

1 min

Hur gör du: Ligg med böjda ben och raka fötter. Placera ett block mellan knäna. Pressa och släpp knäna mot blocket.

Milla tipsar:
Har du tid över så kan du med fördel göra den här mycket längre än 1min. Helst ända tills alla andra muskler (än insida lår och ljumskar) i kroppen kan slappna av.

Vad är den bra för:
Stabiliserar bäckenet med hjälp av förbättrad funktion i höftböjarna.

Kroppstyp A

1 min/sida

IT-band Stretch

Hur gör du: Ligg på rygg med armarna åt sidorna. Placera höger ben över vänster och för upp det så högt du kan med foten kvar i golvet. Behåll skuldrorna i marken.

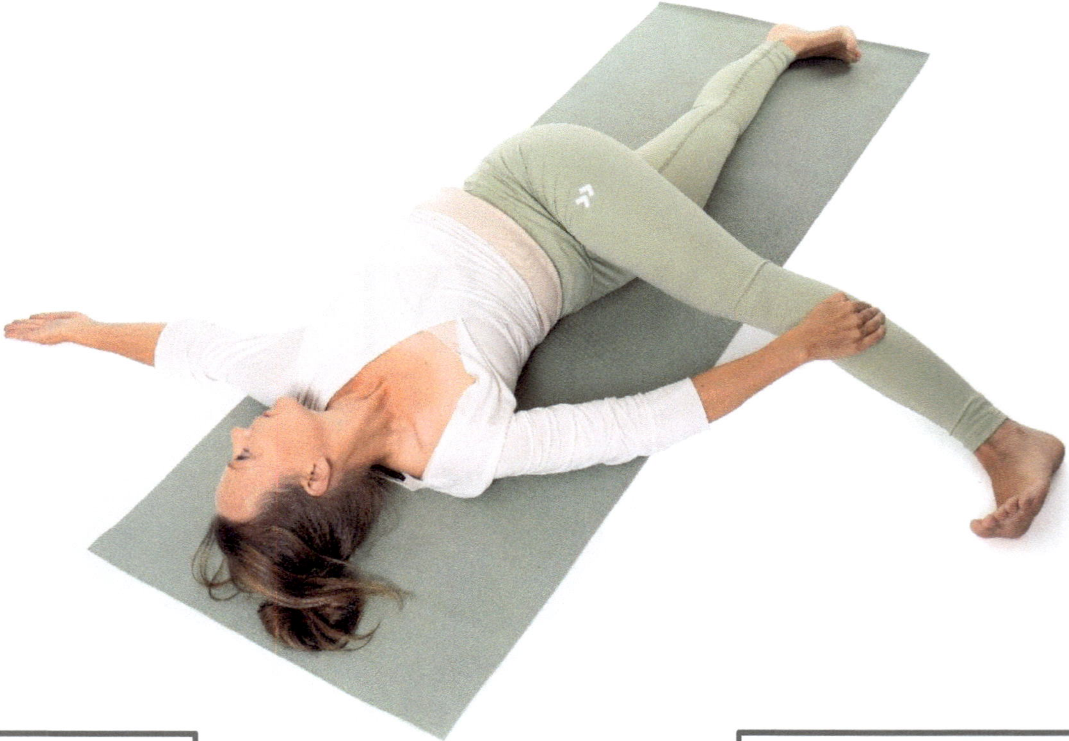

Vad är den bra för: Släpper på stelheter i utsida lår samt motverkar rotationer i ryggen.

Trandin tipsar: Slappna av i käkarna och andas långa djupa andetag.

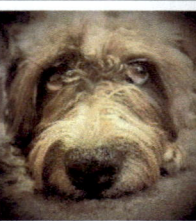

Katt & Hund

1 min

Hur gör du: Stå på alla fyra med knäna direkt under höften och händerna direkt under axlarna. Andas in, för ihop skuldrorna och öka svanken. Andas ut, dra isär skuldrorna, runda ryggen och dra in svanskotan mellan benen.

Vad är den bra för:
Hela ryggen, främjar en svank och hjälper till att förbättra skulder-positionen.

Milla tipsar:
Försök få rörelsen att starta ifrån bäckenet både när du går in i katt och när du går in i hund (min favoritposition för övrigt).

Spindelstretch

Hur gör du: Stå i plankposition och dra fram höger fot till händerna, placera bägge händerna på insidan av höger ben. Försök att få ihop skulderbladen. Lägg så mycket tyngd som möjligt över höften så att du känner en stretch i vänster höft.

Vad är den bra för: Stretchar höften på det utsträckta benet och aktiverar den främre höften.

Trandin tipsar: Föreställ dig att någon trycker ner rumpan på dig. Se också till att foten på det främre benet pekar rakt fram.

Ankel över Knä Twist

Hur gör du: Ligg på rygg med benen höftbrett isär. Lägg upp höger fot på vänster knä och tippa över mot vänster så att höger fotsula hamnar i golvet. Får du inte ner foten i golvet så kan du sätta foten på ett block. Pressa mjukt höger knä bort från dig så att du får en stretch i utsidan av höften. Vänd huvudet åt höger.

Milla tipsar:
Slappna av i magen och även i det undre benet. Om du har problem med nacken behöver du inte vrida huvudet.

Vad är den bra för:
Släpper på stelheter runt höfterna och ländryggen.

Golvklocka

Hur gör du: Ligg på mage med pannan i mattan. Låt hälarna ramla ut och stortårna vara ihop. Sträck fram armarna och placera dem på två lika höga block. Forma ett golfgrepp med dina händer. Rotera armarna utåt så att armvecken pekar mot taket, pressa ner händerna mot blocken. Jobba hela tiden med att sänka axlarna och rotera ut armarna. Gör samma procedur i de positioner du ser på bilderna.

Trandin tipsar:
Tänk att du roterar armbågarna, då brukar det vara enklare att få med axlarna. Kom ihåg att slappna av i underkropp och mage.

Golfgreppet

Vad är den bra för:
Balanserar och stärke muskler runt skulderblad och axlar

Jägarvila med Block

1 min

Hur gör du: Stå mot en vägg och sjunk ner i 90° vinkel i knäna. Låt axlarna slappna av och pressa ländryggen mot väggen. Placera ett block mellan knäna och pressa mjukt in knäna mot den.

Vad är den bra för: Stärker benen och balanserar upp kroppen.

Milla tipsar:
Tänk att du pressar ner fötterna genom golvet.
PS: kolla också så att dina fötter verkligen pekar rakt fram och att du har lika mycket vikt på höger och vänster fot.

Kroppstyp B

Krokodiltwist

Hur gör du: Ligg på rygg, spänn låren och flexa fötterna. Ha armarna rakt ut från axlarna med handflatorna neråt. Placera höger häl mellan vänster stortå och pektå. Vrid över mot vänster så att utsidan av vänster fot ligger mot mattan (och höger höft lyfter från golvet). Vrid huvudet mot höger. Pressa ner händerna i golvet, sug ihop skulderbladen och spänn hela benen inklusive rumpan under hela övningen.

Trandin tipsar:
Driv på rotationen genom att spänna den övre skínkan extra mycket. Magen ska vara avslappnad!

Vad är den bra för:
En toppenövning om du är roterad i rygg eller höft.

Äggskal

1 min

Hur gör du: Sitt långt fram på en stol med rak rygg och så mycket svank som du kan. Placera ett block mellan knäna. Föreställ dig att du har äggskal under trampdynorna som du inte får ha sönder. Lyft och sätt i hälarna om vartannat utan att lägga tyngd på trampdynorna. Ingen rörelse ska ske i rygg och höft. Slappna av i magen hela tiden

> **Vad är den bra för:**
> Här tvingar vi fram höftböjarmusklerna och lär dem att jobba liksidigt med bra hållning.

> **Milla tipsar:**
> Om du inte kan sitta med rak rygg så flytta bak ryggen hela vägen så att du får stöd av stolsryggen.

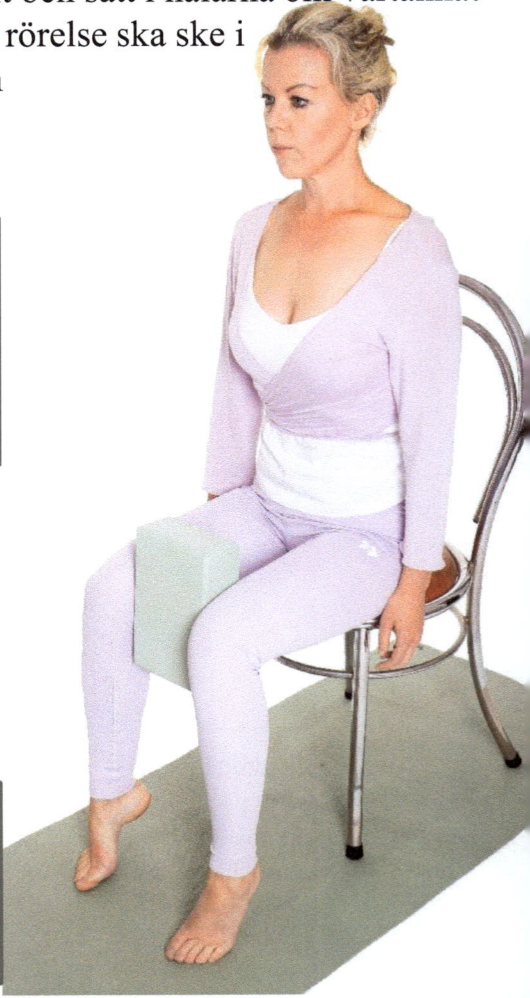

Höftböjarlyft

Hur gör du: Sitt långt fram på en stol. Sträck ryggen och svanka. Raka fötter och höftbrett isär. Vrid in ena foten och lyft den upp och ner utan att höften/ryggen rör sig. Behåll underbenet och hälen i ett lod ner ifrån knät.

Vad är den bra för: Höftböjaren får slita här också, men i den här övningen kan inte den svaga sidan fuska.

Trandin tipsar:
Kan du inte svanka själv får du lov att sätta dig med ryggen helt mot stolsryggen. Kom ihåg att andas och slappna av i magen.

Statisk Utpressning

1 min

Hur gör du: Ligg på rygg med böjda knän, raka fötter och höftbrett isär. Placera ett band mellan knäna så att du får plats med en knytnäve mellan knäna. Pressa ut knäna mot bandet "press, håll, släpp" med 60-70% av din maxstyrka. Andas och slappna av i magen.

Milla tipsar: Försök att jobba så liksidigt som möjligt.

Armpendel

Hur gör du: Ligg på rygg med böjda knän och avslappnad rygg. Sträck armarna rakt upp och knäpp händerna. Pressa ihop handflatorna mot varandra och lägg tummarna jäms med varandra. Sänk axlarna, rotera ut armarna så att armbågarna pekar åt sidorna. För armarna så långt bakom dig som du kan och tillbaka till ursprungsposition om och om igen.

Vad är den bra för:
Stretchar rygg, skuldror och axlar.

Händerna ska vara så här:

Trandin tipsar:
Här vill vi att armarna ska vara spikraka under hela övningen. Det gör inget om du inte kommer ner med händerna till golvet.

Statisk Hund

1 min

Hur gör du: Ställ dig på alla fyra. Ta ett kliv fram med händerna och flytta med kroppen (behåll knäna där dom var) så att axlarna är rakt över dina händer. Rotera ut armarna så att armbågarna pekar utåt. Släpp ihop skulderbladen och slappna av i nacken. Jobba under hela övningen med att försöka öka din svank mer och mer.

Milla tipsar:
Se till att du har lika mycket vikt på höger och vänster hand likaså höger och vänster knä. Har du problem med nacken så kan du låta den vara neutral.

Vad är den bra för:
Balanserar upp kroppen och är toppen för dig med för lite rörlighet i bäckenet.

Kroppstyp C

Dumboflax

1 min

Hur gör du: Stå posturalt och knäpp händerna bakom huvudet med bibehållen rak nacke. Kom så långt bak du kan med armbågarna och pressa ihop skulderbladen i den positionen. Sedan kommer du fram med armbågarna så att de möts framför ansiktet. Växla mellan dessa positioner.

Vad är den bra för: Skapar rörelse och funktion för skulderbladen och axlarna.

Trandin tipsar: Testa gärna att göra denna med ryggen mot en vägg. Då känner du tydligt om du står helt rakt.

Löparstretch

Hur gör du: Stå på knä och placera höger häl direkt framför vänster knä. Kolla att fötterna pekar rakt fram. Res dig upp utan att ändra fotposition. Ta tag i en stol och lyft in den så att den nuddar vid ditt främre ben. Placera bägge händerna på stolen. Låt skulderbladen möta varandra och jobba under hela övningen med att öka svanken.

Vad är den bra för: En fantastisk övning för dig vars fötter pekar ut åt sidorna.

Milla tipsar:
Kan du inte ha en rak rygg och svanka i den här positionen så måste du bygga upp en högre höjd för dina händer. Ta hjälp av block.

Framsida Lår Stretch

Hur gör du: Ligg på mage med hälarna utåt och tårna inåt. Ta tag om utsidan av din högra fot och dra upp den mot mitten av samma sidas skinka. Räta ut ryggen undan för undan genom att spänna sätet och pressa ner pubisbenet mot mattan.

Vad är den bra för:

I kombination med den föregående övningen får kroppen chans att skapa en neutral bäckenposition.

Trandin tipsar:

Om du inte når din fot kan du använda ett band runt foten och dra i detta istället.

Enbenslyft

Hur gör du: Ligg på rygg med raka fötter och höftbrett isär. Dra upp ditt ena knä så långt upp som du kan mot bröstet med 45° vinkel i knäleden. Flexa foten och behåll benet så här under hela övningen. Lyft och sänk höften från golvet.

Vad är den bra för: Stärker musklerna runt höft och säte. Hjälper dig att få jämn styrka mellan höger och vänster.

Milla tipsar: Se verkligen till att spänna sätet varje gång du lyfter.

Benböj mot Vägg

1 min

Hur gör du: Sätt dig på en stol mot en vägg så att dina tår nuddar väggen. Helst ska du ha knäna i 90° vinkel när du sitter. En knytnävsbredd mellan fötterna och tårna pekandes rakt fram. Fläta fingrarna bakom huvudet, sänk axlarna, dra ner skulderbladen och titta framåt. Ställ dig upp utan att flytta på fötterna samt försök att sätta dig med så lite "duns" som möjligt.

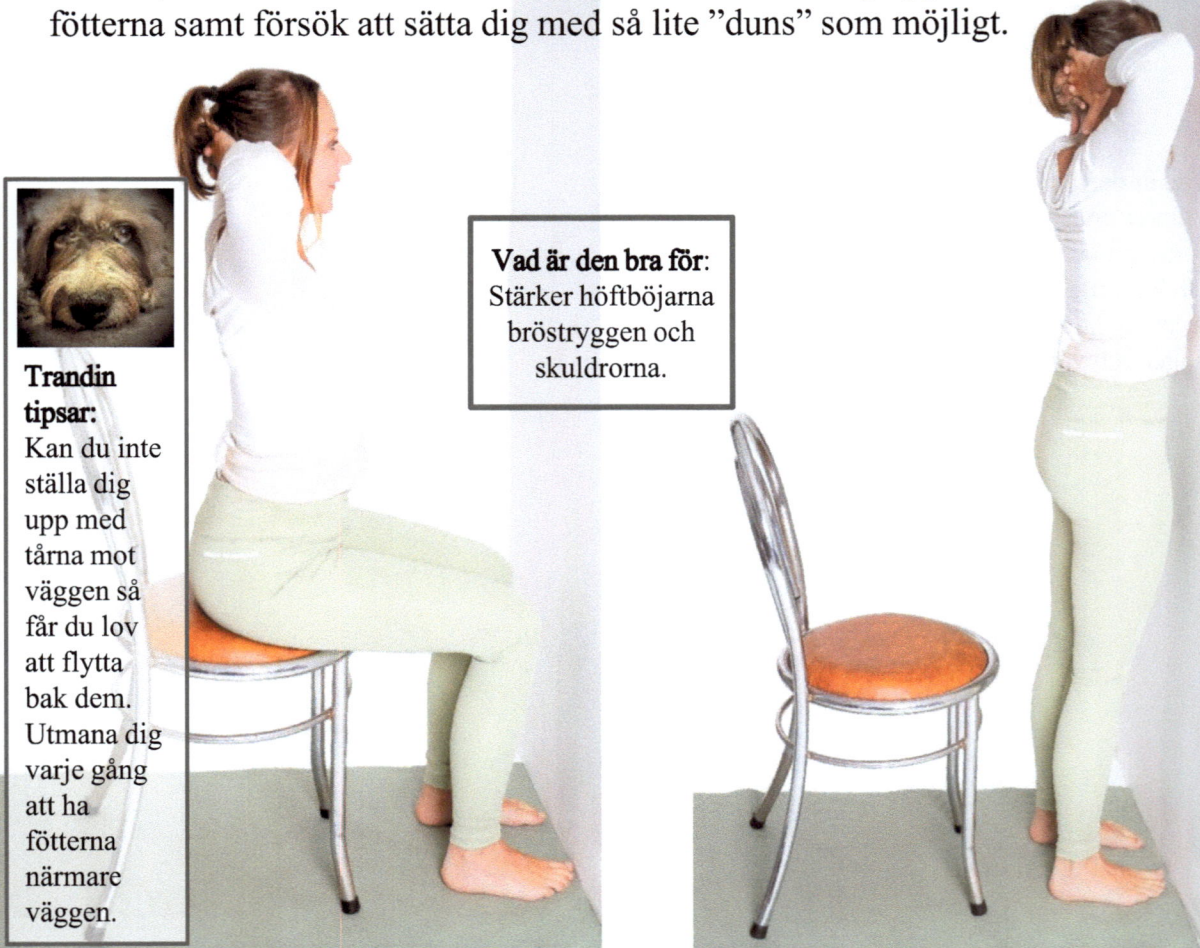

Vad är den bra för:
Stärker höftböjarna bröstryggen och skuldrorna.

Trandin tipsar:
Kan du inte ställa dig upp med tårna mot väggen så får du lov att flytta bak dem. Utmana dig varje gång att ha fötterna närmare väggen.

Jägarvila med Band

1 min

Hur gör du: Placera ett band ovanför knäna. Måtta ut så att det får plats en knytnävsbredd mellan knäna. Stå mot en vägg och sjunk ner i 90° vinkel i knäna. Låt axlarna slappna av och pressa ländryggen mot väggen.

Pressa ut knäna mot bandet med en jämn press hela tiden.

Vad är den bra för: Stärker framsida lår. Balanserar upp kroppen.

Milla tipsar: Känn efter så att du pressar liksidigt och se till att ha lika mycket vikt på höger och vänster fot.

Mer om Connect & Correct

Connect & Correct är postural träning och postural träning är träning för kroppshållningen.

De flesta får lära sig att en bra hållning är att dra in magen och skjuta fram bröstet. Vi posturala terapeuter anser dock att en bra hållning är någonting du bär med dig jämt! Där du ska kunna stå, sitta och röra dig med lätthet och utan slitage eller smärta. Vilket inte har ett dugg med att dra in magen eller skjuta fram bröstet att göra.

Poängen med den här träningen är att skapa en naturligt god hållning. En kropp som har rätt muskulärt arbete, rätt längd och spänst i musklerna och balans mellan höger, vänster, framsida och baksida kommer att hålla länge och förhoppningsvis förbli smärtfri.

Det krävs oftast lång tid att bli "vriden" och det tar också lång tid att bli av med felinlärda muskelbeteenden. Som tur är går det! Förhoppningsvis kommer du med hjälp av dessa övningar att komma en bra bit på vägen (eller helst hela vägen) till en superfunktionell kropp.

Vill du läsa mer om vad postural träning är så kan vi rekommendera Pete Egoscue's böcker. Han är grundaren till postural träning och har skrivit mycket bra böcker i ämnet.

Tack!

Vi vill Tacka
Våra medlemmar på TRÄNA
Ni som är med på klasserna i Connect & Correct och ger oss inspiration
till att fortsätta utveckla oss inom ämnet postural träning

Håkan
För att du är en oerhört vass fotograf

Liljegrens-klanen
Utan er vore allt mycket tråkigare

Pumi
För hjälp med namn på övningarna

Penny
För att du ser till att vi blir mer rörliga

Karin
För att du lär oss att inte använda mellan slag

Vacker Tass!

Önskar Charlotte & Elisabeth